ज्ञान गरिमा के
68 वर्ष

भारतीय
ज्ञानपीठ

आधी रात में देवसेना

(कविता-संग्रह)

आधी रात में देवसेना

अंशुल त्रिपाठी

भारतीय ज्ञानपीठ

लोकोदय ग्रन्थमाला : ग्रन्थांक 1098
ग्रन्थमाला सम्पादक
रवीन्द्र कालिया
सह-सम्पादक
गुलाबचन्द्र जैन

ISBN 978-81-263-4061-3

आधी रात में देवसेना
(कविता-संग्रह)
अंशुल त्रिपाठी

पहला संस्करण : 2012
मूल्य : 140 रुपये

प्रकाशक : **भारतीय ज्ञानपीठ**
18, इन्स्टीट्यूशनल एरिया, लोदी रोड, नयी दिल्ली-110 003

मुद्रक : विकास कम्प्यूटर ऐंड प्रिंटर्स, दिल्ली-110032

आवरण-सज्जा : ज्ञानपीठ कला प्रभाग

AADHI RAAT MEIN DEVASENA
(Poetry)
by Anshul Tripathi

Published by
Bharatiya Jnanpith
18, Institutional Area, Lodi Road
New Delhi-110 003
e-mail : jnanpith@satyam.net.in, sales@jnanpith.net
website : www.jnanpith.net

First Edition : 2012
Price : Rs. 140

माँ और पिता के लिए

अनुक्रम

इतिहास में स्त्रियाँ

अपने बाँझपन के इलाज में व्यस्त
रानियाँ थीं
गर्भ सँभाले टहलती हुई दासियाँ थीं
आखेट पर जाकर
न लौटने वाली
राजकुमारियाँ थीं
शहंशाहों के
मक़बरों पर रोने को थीं वेश्याएँ...

इतिहास में स्त्रियाँ कहाँ थीं ?

शिकायत

मेज की
दराजों से लेकर
दरवाज़े की
सुराखों तक में
कुछ न कुछ
रखा है मैंने
माँ दराजों को
धूप दिखा रही है
पिता सूराखों को
बन्द करवा रहे हैं
कहीं मेरी नमी
खो रही है
कहीं मेरा दम
घुट रहा है।

उस एक दिन

इस स्वेटर के बुने जाते वक़्त
यहीं शुरू में ही
बार्डर के थोड़ा ऊपर
तुमसे एक फन्दा छूट गया है।

इस छूटे हुए फन्दे की क़सम
स्वेटर का रंग बहुत प्यारा है
मैं इसे बेहद पहनना चाहता हूँ
लेकिन नहीं पहन पाता।

मैं अजीब किस्म का डरपोक
घोर शंकावाची
दुविधाग्रस्त
चीज़ों को, अनन्तकाल तक
बचाए-बनाए रखने वाला
मध्यवर्गीय व्याधियों का उपजीवी
मनुष्य !
मुझे ये एक छूटा हुआ फन्दा
एक ताबूत की तरह नज़र आता है
जिसमें ये पूरे का पूरा स्वेटर
एक दिन समा जाएगा।

उस एक दिन
कोई अर्थ नहीं होगा तुम्हारे आने का

उस एक दिन
जब ये एक छूटा हुआ फन्दा
खुलते-बढ़ते
एक उधड़े हुए स्वेटर में बदल जाएगा।

इलाहाबाद में प्रेम

जून की दोपहर में
पिघली हुई जी. टी. रोड से होकर
आयी है वो
आनन्द भवन तक।

यहाँ की सूखी-हरी घास पर
अपना सब कुछ समेटकर
अभी बैठेंगे हम
अभी वो मेरा हाल पूछेगी
मैं उसका।

मैं देखूँगा उसके बाजू
और वो ढँक लेगी अपने पाँव
अपनी ही नज़र से।

अभी वो उठेगी
और एक जोड़ी चुरमुरे लाएगी
और अपना सब कुछ सकेलकर
फिर बैठ जाएगी।

धीरे-धीरे बढ़ेगी
उसकी प्रतीक्षा-दृष्टि, मेरी तरफ...

नहीं

न मैं मल्लिकार्जुन मंसूर हूँ
न भीमसेन जोशी
किराना घराने का
हाँ, मेरी तालमल्लिका
मेरी शंकरा !

फिर मैं कैसे उठाऊँ
भरी दोपहर
ये आलाप ... प्रेम का

नहीं !
न कॉलरबोन
न जाति
न बेरोज़गारी
कुछ भी आड़े नहीं आएगा
मुझे पता है।

(मुझे पता है)
वो फिर भी उठेगी
और यहाँ से जवाहर भवन तक
छा जाएगी
वो हँसेगी और बिखर जाएगी
एकबारगी उड़ेगी वो ख़ुशबू की तरह
और इस आज़ाद देश की किसी तस्वीर में
एक फूल बन जाएगी।

उसकी याद में
मेरी राग-स्मृतियाँ
शोकगीत गाएँगी...

नेहरू के पीछे
गाँधी के बगल
या इस आज़ाद देश की किसी तस्वीर में
उस निरन्तर विसर्जित की खोज में
भरमेंगी मेरी आँखें... हमेशा...
इस आनन्द भवन में।

आसावरी*

आसावरी!

कहीं कोई उपसर्ग नहीं
न प्रत्यय
'केवल कबूतरी'

कबूतरी....
उसे लेकर एक अछूत-सी याद है
भीतर कहीं।

वो मुझसे हारना नहीं चाहती थी।

इन धूसर बादलों के ऊपर
वो मुझसे जीतती ही आयी थी सदा
वो चाहती थी
मैं न उतरूँ
अन्न-जल के लिए भी
इस धरती पर
बस वहीं रहूँ
उसे ही ओढ़ूँ-बिछाऊँ।

---

* एक प्रकार की कबूतरी।

एक स्त्री को
उसके बादलों के ऊपर ही पाऊँ।

वो एक सुर्खरू–शाम थी
पैराशूट से उतर रहे थे
हम दोनों...
हाँ वो नटभैरवी थी उस वक़्त
उसका मुखड़ा
उसकी उठान
और टेक उसकी—
उड़ती–सी उतरती हुई
उसने ख़ूब कसके चूमा था मुझे
देर तक...

और फिर वो नहीं उतरी
इस धरती पर
कभी।
कहीं।

हाँ, वो 'आसावरी' थी
केवल कबूतरी।

पिघलती हुई घड़ियाँ

(सल्वाडोर डॉली के चित्रों को देखकर)

इन चित्रों में पिघल रहे हैं
घड़ियों के डायल
पिघल रही हैं सुइयाँ
सेकेंड की सुई में
आ गया है टेढ़ापन
वो ठीक-ठीक नहीं रहती
न छः पर न सात पर।

अभी तो शुरुआत है
अभी तो रूपकों में तब्दील होंगी
दोपहरें
किसी अधूरे बिम्ब में दिपती हुई
आएगी रात।

हम स्वतन्त्रता की ग़ुलामी बजाएँगे
सरे शाम

अँधेरों के ख़िलाफ़
चमकेंगे इन घड़ियों के नम्बर
लेकिन—न चार-सा चार होगा
न पाँच-सा पाँच।
प्रेमिकाएँ नहीं रह जाएँगी प्रेमिकाएँ

अन्या में तब्दील हो जाएगी पत्नी
और पुष्पा भारती—मेरी माँ
इस दुनिया में सबसे पहले
मेरे पिता की पत्नी बन जाएगी।

इन चित्रों में पिघल रहे हैं
घड़ियों के डायल
पिघल रहे हैं उनके नम्बर
समय की नब्ज़ पर
नहीं रह गयी हैं
घड़ी की सुइयाँ...

कामोद हो
या रागेश्री खमाज
अब तो किसी भी राग में
गुज़ारनी है ये रात।

दुश्मनी

मेरे रोशनदान पर
रहने वाली चिड़िया
तुम्हारे आँगन से
दाने लेकर आती है

तुम्हारी छत पर
टहलने वाली बिल्ली
मेरे घर का
सारा दूध पी जाती है

बोलो
क्या कर सकते हैं हम!

ओम प्रकाश

कहो, कैसे हो ओम प्रकाश!

एक खाली स्कूल-सा सूनापन
अक्सर क्यों ठहरा रहता है
तुम्हारी आँखों में...

तुम अयोध्या से भागकर आये थे न
बचपन में...
दिसम्बर बानवे के आस-पास
तुम्हीं थे न जिसने
क़लम उठाने की उम्र में
ब्लैक-बोर्ड पर चॉक घिसते लोगों को
पानी पिलाने का काम शुरू किया था!

तुम्हारे ही पास तो है ना,
गठीला बदन, छोटी आँखें, तेज़ चाल
और लगाई-बुझाई करती हुई एक ज़बान...

ओम प्रकाश, तुमने कभी...
पीछे खड़े अपने बच्चे को
देखा है?
नहीं, ताज़ी काटी गई घास पर
किलकते हुए नहीं
सबके पीछे से,

आगे झाँकने की कोशिश में
स्तब्ध होते अपने बच्चे को!

अपने सुरती मलते हाथों को रोको
उन्हें हवा में फैलाओ
अपनी कमीज़ की बाँहें सकेलो ओम प्रकाश,
वर्षों से बन्द आस्तीनों में क़ैद हाथ
अक्सर फफूँद की चपेट में आ जाते हैं।

कस्तूरबा गाँधी आवासीय बालिका विद्यालय के
रोज़नामचे से मत डरो ओम प्रकाश,
'सौन्दर्य बदसूरती की ऊब से निकला हुआ
टापू होता है अक्सर'
एक बार बस एक बार
ठीक से ऊबो तो ओम प्रकाश!

वर्षों से दूसरों के पंजों पर
बरस रही अपनी नज़र को
उठाओ तो सही
किसी पेड़ को
उसकी पूरी ऊँचाई तक
देखो तो एक बार।
देखो ओम प्रकाश,
नीला रंग सिर्फ़, तुम्हारी कमीज़ का ही नहीं
आसमान का भी है।

चेलपार्क*

मैं कहीं-कहीं कुछ
किसी इतिहास के विरुद्ध हूँ।
इसलिए नहीं कि मुझे समर्थन की राजनीति
मालूम है।
फिर भी
मैं कहीं-कहीं कुछ
किसी इतिहास के विरुद्ध हूँ...

मैं मस्त हूँ—
जो महज़ किसी कच्चे प्रेम का
सन्देश नहीं
यूँ ही पड़ोस की छत पर
चिकोड़ कर फेंकी गयी
किसी काग़ज़ी गेंद की
चटख रेखाएँ भी हूँ।

मैं मस्त हूँ—
किसी चूरन की खटास में
क्षारीय/अम्लीय होता हुआ एक रंग हूँ
या किसी दालमोठ के तेल में भीगी हुई
सतह का विमर्श हूँ
या कि किसी शीरे की मिठास में

---

* फाउंटेन पेन की स्याही

गर्क होती हुई पूरी दुनिया।

मुझे पता है—
मैं युद्ध हूँ।
मैं प्रेम हूँ।
मैं घृणा, द्वेष, राग और विराग हूँ।

मैं सोलह आना सच हूँ,
मैं झूठ हूँ सोलह आने का।

मैं किसी जोगिन का झूठा बयान हूँ,
हाँ मैं किसी कामी की सच्ची फ़िराक़ हूँ।

मैं हूँ...
महज़ होने के लिए नहीं
मुझे देखो
छू लो मुझे...
आओ मेरी नमी में
भीग जाओ तुम...
नहा लो मेरे नीलेपन से
क्योंकि अभी
एकदम अभी
मैं गिर जाऊँगा
सफ़ेद काग़ज़ की प्यास पर।

सुनो मानवी

तुम्हारे नाम के
अक्षरों–मात्राओं की आकृतियों–सी
मैंने दौड़ायी थीं उँगलियाँ
गंगा–यमुना के संगमी कछार पर
और इस पेड़ के तने पर
और इस पत्थर के मध्य

पर क्या करूँ
कुछ दिनों में
उभर आती है तने पर छाल
नदी में आ जाती है बाढ़
पत्थर पता नहीं कहाँ चले जाते हैं...

लेकिन सुनो मानवी
मैं कुछ दिनों में ढूँढ़ लूँगा
एक संयत नदी
आन्तरिक वलयहीन एक पेड़
एक समूचा पहाड़
तुम रुकना तब तक।

एक मित्र के लिए

(जो कि जब चाहे मुझे डिस्टर्ब कर सकता है)

अब जाने भी दो
छोड़ो इस बात को
मैं फिर कुछ कहूँगा
तो तुम कहोगे
ऐसी ही है तुम्हारी पद्धति
जिसके अनुसार
काफ़ी दूर तक सोचने पर
एक छोटापन उभरता है

सवाल पद्धति का नहीं है मित्र,
सवाल ज़मीन का है
ज़मीन के ताप का है
'डिफर है'
मेरी ज़मीन का ताप
तुम्हारी ज़मीन के ताप से

मित्र,
सवाल सेंसर का है
सवाल मुद्दे को उठाने की
तहज़ीब का है
मैं तल से कहता हूँ
कोई भी बात
तुम कभी मध्य से

तो कभी सतह से
उठा लेते हो उसे
एक संयत विरोध के साथ

तुम्हारे जीवन में,
सूत–सूत भर के अन्तर पर
योजनाओं को महीन गोलबन्दी है मित्र,
जहाँ तुम्हारा गम्भीर लगने वाला चश्मा
हँसी और उपहास में फ़र्क़ नहीं रखता

पहचानता मैं भी हूँ तुम्हें
ये बात और है
कि तुम जब चाहो
मुझे 'डिस्टर्ब' कर सकते हो।

क्या कहूँ उससे

लिखता है अक्सर वह मुझे
कि क्यूँ आती है ख़ून की गन्ध
तुम्हारे भेजे ख़तों में

क्या कहूँ उससे
कि जैसे घुस आती है
ट्रेन के भीतर
प्रदेश की तरुणाई
धडधड़ाती चली आती है डिब्बों तक
गुज़रते शहर की सबसे गन्दी सड़क
आ जाती है ठीक वैसे ही
डाक बोरे में हवा
उछाल देती है
ख़तों की सबसे सुन्दर पंक्तियों की तरफ
एक ख़ूनी पुचाड़ा

या फिर
लिख दूँ उसे
कि हर दो शहरों के बीच है
एक जहानाबाद
एक अयोध्या...
एक...
और एक...

आधी रात में देवसेना

कैसे धीरे से चीज़ें
अपनी जगह बदल लेती हैं
और हमें पता तक नहीं चलता

देख रही हो देवसेना
आसमान का ये रंग
कभी सात–चालीस का वो नीलापन
आज छः–पैंतीस पर है

देख रही हो
इस छोटे से इलाहाबाद के
शहर उत्तरी में
दक्षिण से उत्तर की ओर जाती हुई
उस ढालनुमा सड़क के बाईं ओर की
वो जगह...

वहाँ कभी कमरेनुमा एक घर था
जहाँ कि आज घरनुमा कुछ कमरे हैं
कभी बाथरूम से निकलते हुए पानी से
प्याज की क्यारियाँ सींची थीं तुमने
एक पेड़ लगाया था गेट पर
जो आधा नीबू और आधा सन्तरा था

कोई कॉलबेल नहीं थी कहीं

सबसे बाहर का कमरा ही
सबसे भीतर का कमरा था
वहीं सब बैठते थे
क्या मैं
क्या माँ
और क्या दूर-दराज की नदियों पर
पुल बनाकर आये हुए तमाम लोग

हाँ, उसी घर में कहीं
तुमने कहा था देवसेना—
''बहुत सारी चीज़ों का क्या करूँगी मैं
मेरे लिए एक अदद कुछ भी काफी है
कुछ भी''

मुझे लगा
इस डबरे का चाँद
कभी नहीं डूबेगा
हाँ देवसेना!
मुझे ठीक-ठीक यही लगा था

ये गए वर्षों की बात नहीं है
अभी कल तक यही लगता रहा था मुझे
कहीं और नहीं
ठीक उसी घर में, कि जहाँ
बीती रात अचानक नींद टूटने पर
मुझे पता चला
कि इस दुनिया में
मैं कितना अकेला हूँ
बिस्तर के एक हिस्से में सिमटी
नीले सिल्क की ख़ूबसूरत साड़ी में
कसी हुई

गौरवर्णा!
आत्ममुग्धा!
देवसेना—तुम भी
मुझसे दूर, मेरी नींद से बाहर हो
जबकि वाकिफ़ हो तुम उस दुःस्वप्न से
जो अक्सर मेरी नींद में आता रहा है
कि जब तुम नहीं थीं मेरे इर्द-गिर्द
तब भी और अब
कि जब गर्दन तक ओढ़ लिये हैं मैंने
तुम्हारे लिहाफ़—तब भी
वो आता ही रहा है

(तुम्हें याद तो होंगी देवसेना खजुराहो की
वो वीथियाँ
जिनके पराजित एकान्त में
मैंने कहा था तुमसे,
की होगी राम ने आराधना शक्ति की
संशय में,
मैं
तुम्हारे कॉफ़ी कलर में डूबे हुए
ओठों को याद करता हूँ
हर पराजय में)

अब क्या कहूँ तुम्हारे 'निरापन' को
जिसने मुझे दोराहे पर ला छोड़ा है
मेरे दुःस्वप्न से तुम्हारा वाकिफ़ होना और मेरी
नींद से तुम्हारा बाहर होना एक साथ कैसे
सम्भव है
और अगर है
तो फिर क्या फ़र्क़ पड़ता है
कि तुम बहुत सुन्दर हो

मेरी पिछली सभी प्रेमिकाओं से सुन्दर
या कि तुम बहुत गुणी हो
मेरी सगी और सौतेली
दोनों माँओं से ज़्यादा
या कि तुम ऐसे बच्चे की माँ हो
जिसके बाल बहुत काले हैं
जबकि मेरे बालों का रंग धूसर है
फिर क्या फ़र्क़ पड़ता है
उन बहुत-बहुत सारी बातों का
जबकि मेरा ताजमहल
पीला पड़ता जा रहा है

मुझे नहीं पता
कोहरे से भीगी
मेरी हथेलियों पर
खनकती हुई धूप कब बरसेगी
मुझे नहीं पता
तुम्हारे इर्द-गिर्द बहती हवा में
आर्द्रता का प्रतिशत क्या है

नहीं देवसेना!
कहीं कोई ज़िद नहीं है
शंका आशंका भी नहीं
यक़ीन न हो
तो उस हँसियेनुमा चाँद से पूछ लो
मुझे एकदम नहीं पता
सपनों में ग़ैर-शामिल लोगों को
जीवन में बने रहने का हक़
कितना है!

2.

देवसेना!
किसने छीन लिया तुम्हें
मेरी नींद से
और इस तरह स्वप्न से मेरे

कहाँ है वो?
कौन है?
मेरी अभिव्यक्ति का प्रति-पक्षधर!

और ये किस मोह-परिप्रेक्ष्य में
तुम रुक गई हो वहाँ
जबकि देखो—
तुम्हारे बिना सहसा
सब कुछ अकेला पाकर
मुझसे दूर जा रही है
मेरी हस्ती

फिर ये,
न सम्भव है
न अपेक्षित
कि ये कोई 'मुद्रा' हो तुम्हारी
साभिप्राय!
किसी क्रियापद के प्रयोग-सी
जबकि तुम्हें
मेरी अपरिमित निष्ठा की
सूचना है

मुझे याद है, देवसेना
कि जब आभोग के क्रम में

बिसर गये थे अपने नाम तक हम
और तुमने पूछा था मुझसे—

'ओ मेरे पद्म चन्द्र कोश!
तुम्हारे रति नृत्य से टूटे हुए
इन मोर पंखों से अटी पड़ी
इस पृथ्वी पर
मेरी जगह तो शेष रहेगी न!'

काँपते सिगसिगाते होठों से
फूट पड़ी थी मेरी ख़ामोशी
घंटों-महीनों के लिए
चुप हो गया था मैं
कि जो भाषा के छल से
नहीं देना चाहता था उत्तर
सिर्फ़ इसलिए

कहीं इसी विरोध अर्थ ने तो नहीं उकसाया
जो मुझसे दूर होकर रच रही हो
मेरी देह का मृत्यु-रूपक
तुम!

तुम्हें विश्वास न आये तो क्या
मैं हूँ देवसेना

चूँकि तुमने आत्मसात् कर लिया था
मेरे मौन को इसलिए
और मैंने तराश ली थी
अपनी देह तुम्हारे अनुकूल
इसलिए भी मैं हूँ
और कह दूँ ये

कि यदि वो है
इस जगत की फैंटेसी में कहीं
तो तुम्हारी ही याचना में है
मेरी आत्मा का हठ
कुछ तो इसलिए भी
मैं हूँ देवसेना

मेरे मन्तव्य
मेरी स्फीति
मेरा सौन्दर्य
मुख़ातिब है डूबते सूरज से अभी

वहीं से,
कि तुम जहाँ भी हो
बस एक बार पलटकर देख तो लो
इस युवा प्रतीक्षा की परिधि में—

...कि जहाँ
कभी सम्पन्न हुआ था
हमारे प्रेम का नान्दी पाठ...

...कि जहाँ
तुम्हारे क्रोशिये पर
कभी मेरी शामें थीं
फूल-सी कढ़ती उतरती
इस रेत-तन में...

...कि जहाँ
इस दृष्टि में
तुम्हारे बादल थे
इन्द्रियों की हर लरज पर

ख़ूब तेज़ बरसते हुए...

ठीक वहीं खड़ा हूँ मैं
हाँ वहीं
अपनी एकान्त इच्छाओं में
निरस्त–सा होता हुआ।

यासमीन

मैं तुम्हें नहीं जानता
मैं नहीं जानता उसे भी
यहाँ मेरी बाहरी दीवार पर
जिसने लिखी थी ये इबारत, हिंग्रेजी में—
'यासमीन! आई लव यू'

मैं नहीं जानता तुम्हें
शायद कभी यहीं रहती रही हो तुम
या हो अब भी
यहीं शिवरामदास गुलाटी मार्ग पर कहीं
या कि दूर यहाँ से
पेशावर या कराची में
मैं नहीं जानता तुम्हें
तुम हो भी कि नहीं !
मैं सिर्फ़ इतना जानता हूँ
यहाँ इन दीवारों पर
कोई ज़िन्दा रखना चाहता है तुम्हें
तुम्हें—अपने नाम के साथ जोड़कर

मैंने छोड़ दी है
इस बार भी बाहरी दीवार
उन्हें रंग-रोगन की कोई ज़रूरत नहीं
उनके सरोकारों के धुँधले होते विमर्श पर
तुम्हारे नाम की मात्राएँ ही बहुत हैं
...य ा स म ी न ...

मुसाफ़िर-सी आँखों वाली मीना

और कुछ नहीं, हमारे सामने
ताजमहल का विदा होता
घटाटोप है...

ये विभावन...

नहीं ये फ़तह नहीं है
मेरे सूनेपन में मुमकिन हुआ
किसी अजीब शिल्प का क़तरा है

इसी क़तरे से निकली
एक क्षैतिज शाम में
आज फिर, सहचर हैं हम

इस हम में
ह बराबर मैं हूँ
मैं अर्थात् कवि
उर्फ़ ईलियट का निर्वैयक्तिक
और म बराबर मीना है
मीना उर्फ़ सुजान
उर्फ घटनाक्रम मेरी।

दिप-दिप करती
उसकी अर्पित काया में

मुसाफ़िर-सी आँखें हैं
हरदम चौकन्नी
आगे बढ़ने को व्याकुल
लेकिन सच कहूँ
ऋतु-कोलाहल से दूर
अपनी वासना-परिधि में
मेरे लिए
वो कातर-रंगरेज़ है

अजीब दुशाले हैं उसके
न जाने किस हिजरी संवत् के
जिन्हें ओढ़कर वो सुबकती है

वो सुबकती है,
और उसकी रुलाई की टिप-टिप
मेरे सपनों में सूराख करती है

उफ़!
मेरे इतिहास पर
इस निषिद्ध नमी का ये वितान
कितना असाध्य है...

ये कैसा रास-जल है
जिसमें बेचैन, मेरी निर्गुन पुतलियाँ
पिछली सितम्बर की शाम से
अब तक
महज़ इन्तज़ार का रूपक रच रही हैं
—शामें अकारथ कर रही हैं।

क्यों मीना !
उर्फ़ शोख-रंगरेज़िन मेरी

क्रोशिया है,
हुनर है,
उदास मुद्राएँ हैं तमाम
फिर वो रात कहाँ है
जो सिर्फ़ रात नहीं है
नीम की टहनियों पर
जुगनुओं की बारिश भी है!

नदी

बेहद बिखरे हुए मेरे दिनों से उठी
मेरी घनीभूत जलमय वाष्प
तुम्हारी लहरों पर बरस रही है

आज फिर मिल रही है
तुम्हारे कल-कल निनाद से
मेरी वृष्टि की लय
आज फिर आत्मसात् कर रही हो तुम
मेरे बादलों का घुमड़ना
अपनी अतल गहराइयों में

हाँ, बेहद बेडौल और चिहराए हुए
मेरे कगारों को
ख़ूबसूरत तटों में बदल रही हो तुम
मेरे भीतर का भय
तिरोहित हो रहा है तुम्हारी धार में

आज मेरे आगे उठ रही
तुम्हारी हिलोर
कल कहीं और होगी
कहीं और से घुलकर आई हुई रेत
कल इस तट पर पसर रही होगी

मैं तुम्हारे करीब लेकिन बाहर खड़ा

तुम्हारे भीतर तैर न पाने पर
शर्मिन्दा होता हुआ
तट से ही तुम्हें छूकर
वापस लौट रहा हूँ

इस बार इस वापसी में
न जाने किसका साथ लौटना बदा है!

ऋतुचक्र

कुछ लकड़ियाँ जलाये
काट लेता हूँ सघन सर्दी

एक चौकोर दफ़्ती के सहारे
गुज़र जाती है
पूरी की पूरी गर्मी

हाथों में लकड़ियाँ और दफ़्ती
अब भी हैं
पर आगे बरसात है
बहुत घनघोर।

दंगे

दिनों-दिन
अख़बार में गाढ़े होते जा रहे हैं
इसके रंग

ये बदल रहे हैं
बादलों के रंग को

ये रख देना चाहते हैं
पत्तियों में क्लोरोफिल की जगह
कुछ और
(क्योंकि इस बीच
मनुष्य का क्लोन
बन जाने की सम्भावना पर
ख़ुश हैं कुछ लोग)

ये— जिनके रंग
अब तक छूट जाते थे
तहसीलों के दफ़्तरों में
चौराहों पर
बसों में
या कचहरियों की बेंचों पर
या रह जाते थे
जूते की सोल में चिपके हुए
कहीं एकदम नीचे...

...अब,
मेरी छत्तीस सेंटीमीटर की
'ब्लैक एंड व्हाइट'
टेलीविज़न की स्क्रीन से
रिसने लगे हैं
मेरे सबसे भीतरी कमरे में

बेहद परेशान मैं निकल आया हूँ
सड़क की ओर
पता नहीं
इस बीच जीवन का वर्गमूल क्या है!

दरअसल

दरअसल हम शर्तों पर ही जीते हैं
घर की शर्त पर पत्नी आती है
देखभाल की शर्त पर बच्चे
नौकरी की शर्त पर
रट ली जाती हैं किताबें
स्वतन्त्रता की शर्त पर
धीरे से आ जाती है— स्वेच्छाचारिता
और कोरी भावुकता की बैसाखियाँ
बनकर आती हैं प्रेमिकाएँ

शर्त ही शर्त में
पहले हम ग़ुलाम होते हैं
फिर हो जाते हैं दास

हम म्यूज़ियम देखकर ख़ुश होते हैं

दरअसल
हम इतिहास में दर्ज होने वाली तारीख़ों में
समा जाना चाहते हैं
किसी भी शर्त पर।

युवा मन

किताबों की नसें टूट चुकी हैं
उँगलियों से
कलमें खाली हो गयी हैं तमाम
दिमाग़ भर गया है सूचनाओं से

वर्षों की उदासी का रंग
कमीज़ पर उतर आया है
सफ़ेद से पीली हो गयी कमीज
हिल रही है अलगनी पर
स्याह रातों के रंग से
भर गयी हैं दिशाएँ
दिन महीने जितने लम्बे लग रहे हैं
मेरे खाते का सब कुछ
अपनी उपस्थिति में
रत्ती भर कम पड़ता जा रहा है

इस पर भी
कोई निराश या फ्रस्टेट कह देता है
तो हफ़्तों उसकी शक़्ल नहीं देखता
महीनों उससे बात नहीं करता

इस विराग–स्वर की धुनें
भले ही मातमी हो गयी हों
और कुछ लोगों को

मेरी शक़्ल मुहर्रमी दिख रही हो
लेकिन अब भी ये सच है—
मेरी सान्द्र ईमानदारी
मेरी निर्मोही आस्था की
प्रमेय–पुष्टि के लिए
काफी है।

जबकि जानता हूँ

अकेला होने के संघर्ष से
हारकर नहीं सोता
जबकि जानता हूँ
अपने करीब ख़ुद को सुलाने के लिए भी
कुछ फ़ासले पर
दूसरी चारपाई की ज़रूरत होती है

पुरानी अख़बारी कतरनों के बीच से
एक समूची नयी ख़बर
तलाश लेता हूँ
जबकि जानता हूँ
सपनों के पुराने तैल-चित्रों पर
गिरा हुआ पानी पोछना बेकार है

बचे-खुचे एकाकीपन के तिलिस्म
जीवन के रुख पर
रहस्य की तरह
उद्घाटित नहीं होते अब
जबकि जानता हूँ
पर्याप्त है अकेला होने के लिए
कुछ भीगे हुए ख़त
या तेज़ बारिश।

एक अदीब के घर

वहाँ अक्सर जाना होता है

भीतरी कमरों से निकलकर
मेरे पास तक आने में
उन्हें नौ मिनट लगते हैं

उनके आने के साथ
आती है चाय

उनके आने से पहले तक
बेवजह पलटता रहता हूँ अख़बार
चोरी से देख लेता हूँ
कमरे की सजावट की तरफ

उनके सामने
बिना आवाज़ किए पीता हूँ चाय

एक हुंकार के साथ
वो देखते हैं मेरी तरफ
अपनी दृष्टि से खींचते हैं वो
मेरी मिठास— मेरा नमक
मैं फूल जाता हूँ रेह-सा

लोगों की आवाजाही से
उठते-गिरते पर्दों से
मैं नहीं देखता भीतर की तरफ
देखता हूँ तो बस
उनके पीछे से झाँकती किताबों की शक़्ल
उनके पर्दे का रंग
'पहल' का नया अंक

बातचीत में सबसे पहले
वो पूछते हैं मेरा हाल
उनका कहना है कि
लोगों के बीच का कोण बदल गया है

मैं बिल्कुल ध्यान से सुनता हूँ
एक पैर पर दूसरा पैर रखकर
कलावादी मुद्रा में कही जा रहीं
उनकी मार्क्सवादी बातें

कई जगह से होते-गुज़रते
आते हैं वो अकादमियों के चुनाव पर
जिसकी तफ़सील में
इलाहाबाद से दिल्ली
दिल्ली से भोपाल
भोपाल से पटना
पटना से अयोध्या
एक कर देते हैं वो
वो बहुत बड़े हैं
मैं बैठे-बैठे उनकी लम्बाई का अन्दाज़ा
नहीं लगा सकता

वो एक साथ सब कुछ हैं

कवि
आलोचक
कहानीकार...

उनके पास सहूलियतों का बाज़ार है

एक ख़ूबसूरत मज़ार है उनके पास
जहाँ मत्था टेके बिना
आगे नहीं बढ़ा जा सकता।

शीतलहर

और ये चिलबिल का फल
गोल और भारहीन
न जाने कहाँ से उड़कर आया है
ख़ुश है
फिरकी-सा घूम रहा है
आँगन भर में

और ये नदी
बिहार-बंगाल तक को जोड़ती
पहाड़ों से उत्फुल्ल बह रही है
अनवरत

अपने गाँव से दूर
इस छोटे-से शहर इलाहाबाद में
माँ के साथ
पिछली सदी के सातवें दशक में
आये थे पिता
खीझ और ऊब से भरे हुए
अपनी अपेक्षाओं का बोन्साई लिये

एक लम्बा समय बीत गया
पर नहीं हो पाये पिता चिलबिल
चहके नहीं घर में कभी
इधर से उधर तक

और न ही
माँ हो सकी कोई नदी
गाँव से शहर तक बहे जो
अहरह...।

शुरुआत एक दिन की

चढ़ गयी घड़ी
नब्ज़ के ठीक ऊपर
कलाइयों में

धँस गयी शर्ट
पैंट के भीतर
बेतरतीब

थाम लिया
पिचके पेट को
बेल्ट के आख़िरी छेद ने

मोजे ने ढँक लिया
दाएँ पैर का उखड़ा नाख़ून

परोसने लगीं
गर्म फूली रोटियाँ
चूड़ियों वाली दो डाल...।

लम्बी बीमारी के दिनों में

चाय के थर्मस
फलों की टोकरी
बिस्किट के पैकेट
टिफिन कैरियर
ग्लूकोज़ की बोतलें
दवाओं के पत्ते
डिस्पोज़ेबल
गुलदस्ते...
कुछ भी मेज से गिराकर
अपनी उपस्थिति
बिखेरता हूँ, कमरे में
पर होता क्या है?
कुछ देर के लिए
बेचैन करती खनखनाहट
फिर, सब शान्त !

क्या करूँ !
क्या करूँ?
एक खाली प्लेट
और चाकू
और सूखे-बेजान सन्तरे के छिलके
अब भी हैं मेज पर...।

एक सुबह रातरानी से

सारी रात
गुच्छे-दर-गुच्छे
पंचम सुर में महकती हुई तुम
किसकी याद में
मुरझा जाती हो सुबह तक
खो देती हो अपनी सुगन्ध

ये कैसा शिल्प है तुम्हारा
जो बार-बार
धरती पर बिछना चाहती हो तुम!

कैसा होता है
महकता हुआ-सा
बस एक रात का जीवन!

कैसा होता है
डाल से टूटकर
हवा में तैरते हुए
धरती तक आना!

कैसा होता है
अपनी ख़ुशबू का गुम हो जाना!

हो सकता है
तुम्हारे लिए, यही सब
राग हो— रंग हो

बस यही कि कोई
तुम्हें देखकर निकल जाय
कोई ज़रा छूकर

सूँघकर कोई—
बहती हुई हवा
देती रहे परिचय तुम्हारा

हो सकता है तुम्हारे लिए
यही सब लय हो
अर्थ हो यही— पर

पर— इस रेत होती दुनिया में
जो कोई बार-बार
तुम्हारे सुर में महकना चाहे तो
तुम्हारी महक की एक कश
उम्र भर के लिए
भीतर बसाना चाहे तो...

फिर ये कैसी रस्म है
तुम्हारी
जो छूटती हुई साँसों के साथ
छूट जाती हो तुम
किसी अवधूत के हाथों के
रेत-सी...।

अपने मुख़ालिफ़ से

अपने–आप से कतराते हुए
थक गया हूँ
अपने–आप को बहलाते हुए भी
सनातनी थकावट लगी है
न जाने कब से
अभी तक नहीं मिला है जवाब
कि अपने होने के मूल में
मैं किसे महसूस करता हूँ

इस छोटे–से जीवन का
एक बड़ा हिस्सा गुज़ारा जिस पर
वो आज भी
उस पुल की रेलिंग के पास
(जहाँ एक बार बोटी–बोटी हो गयी थी मेरी परछाई)
धुएँ के छल्ले बनाता खड़ा है

मैं अपनी पीढ़ियों पुरानी पलँग पर
बेचैन बैठा हूँ
वो मुड़ के देख रहा है लगातार
उसके मुँह से निकले धुएँ के छल्ले
बिना बारिश के मौसम में
फहरा रहे हैं
उसकी आँखों में एक चमकीली सुरंग है
जिसकी भित्तियों के चित्र

तेज़ रोशनी से धुल चुके हैं
मैं न जाने किसे पकड़ने के क्रम में
उसकी तरफ हाथ बढ़ाता हूँ
लेकिन वहाँ न जाने किसकी ग़ैर–मौजूदगी है अब तक
जो मैं खीझता हूँ अपने खालीपन पर
तितलियों के पंखों–सी सिल्की चिकनाहट
उँगलियों के आपसी ताप के आड़े है
मेरी पहुँच मेरी ही ऊष्मा तक नहीं है

और वो चेहरा
जो कभी पास आया ही नहीं
आज भी
दुआओं की धुन्ध में गुम है

अभी झिप जाएँगी पलकें
उलझ जाएँगी बरौनियाँ
होठ खुल जाएँगे हौले से
अभी गुज़र जाऊँगा मैं
अपने होने के भीतर से
अभी बिल्कुल अभी
मैं सब–कुछ बार–बार
आख़िरी बार देख लेना चाहता हूँ।

परम्परा

हमारे साथ-साथ होने की
कोई वजह नहीं थी
बस इत्तिफ़ाकन हम साथ थे।

हमने साथ-साथ नदी देखी
पुल देखा
शहर देखा
चिड़ियाघर देखा
अपनी पसन्द के जानवरों की हमने तारीफ़ की,
मनपसन्द लहरों के साथ कीं अठखेलियाँ।

हमने साथ-साथ मौसम की ख़ामोशियाँ तोड़ीं।

खजूर के एक पेड़ पर,
हमने एक साथ अपना नाम खरोंचा।
इस तरह—किसी तरह—एक पूरा दिन
इत्तिफ़ाकन हमने साथ-साथ जिया
और फिर,
अपने-अपने ऊपर फ़क्र करते हुए
हम अलग हो गये।

या कोई और

अभी सेटल नहीं हूँ
ज़रूरतें यूँ ही पड़ी हैं
इस ठंड में बाहर

चिटके हुए कप में
बिना हैंडिल की छन्नी टिकी है
चाय की नींव
भविष्य के किसी अन्तरे में
हो तो हो

उम्मीद का छोटा पेड़ भी
हौसले की थोड़ी खाद माँगता है

शरीर बदलता है
तो ख़ुराक बदल जाती है
मैं कैसे जान सकता हूँ
तुम्हारी भूख
फिर हो भी तो क्या
तुम मेरी पत्नी, माँ
या कोई और।

दो बातें

कहीं–कहीं
ख़ुद के बोझ से
जब धँस जाता हूँ
हल्की रेत पर
तब सोचता हूँ
वज़न है मुझमें भी
अपने निशान
छोड़ने भर का।

किसी पत्थर पर खड़े
महसूस करते
सतह की कठोरता
मैं थक जाता हूँ जब
अपने निशान
छोड़ने की कोशिश में
तो ख़ुद के
हल्के होने का प्रमाण
ख़ुद–ब–ख़ुद
मिल जाता है मुझे।

तुम्हारे ओवरकोट को देखते हुए

(नागार्जुन जैसे दिखने वाले अपने बाबा के लिए)

सम्भव है लोग कहें
ये कविता नहीं
महज एक निष्कर्षहीन संस्मरण है
दिल का फ़ितूर है
सिर्फ़ सूचनाओं की फेहरिस्त है
या भावुक बोझ का
एक खुला पड़ा बस्ता है...

फिर भी
तुम्हारे होने का अदब
मुझे याद आता है।

याद आता है
दशकों पहले तुम्हारा ये कहना
कि तुम्हारे लिए एक ब्लैंक चेक है, पुतरू!
और है एक चिड़िया
फुर्र-फुर्र उड़ती है जो
परेशान मत रहो तुम
देखना मैं सब कुछ कैसे ठीक करता हूँ
और तुम्हारी गणित
उसे तो मैं यूँ ऽऽ तेज़ कर दूँगा
यूँ ऽऽ... कहते हुए
तुम्हारा हवा में चुटकी बजाना

सब याद आता है
अब भी बजती है कानों में
इच्छाओं और याचनाओं के
फ़र्क़ और वज़न की
तुम्हारी बातें

और फिर,
तुमसे सीधी बातचीत में
तुम्हारा वो पद्यमय दो टूक—
'मैं क्या करता
माँ मेरी भोली-भाली
पत्नी और भी सरल
पिता पहले ही नदारद
न कोई सहारा
और न कोई रहबर
मुझ पर खीझने की नहीं
तरस खाने की ज़रूरत है
अब आगे मैं कुछ नहीं कहूँगा
मेरी ज़बान में ग्रहण लग चुका है।'

मुझे तब भी अजीब लगता था
इन दलीलों के बाद
तुम्हारा घंटों चुप रहना
बातचीत के भाषायी खेल पर खीझना
चिढ़ना बर्तनों के शोर से
मक्खियों की भिनभिनाहट से
बेवजह आकाश छोड़कर
कमरे के भीतर चक्कर काट रही
एक तितली से...
...और इन्हीं सब के बीच
बगैर कहीं सिर टिकाए

देखे हुए सपनों की तारीफ़ के लिए
टूटना तुम्हारे मौन का...

जानते हो तुम
मुझे अक्सर घेरती हैं
उन दिनों की शामें
जब तमाम चीज़ें
अपने ख़ात्मे की ओर रहती थीं
और तुम,
अपनी निरपेक्षता के दायरे से कहते थे—
'एक दिन सब कुछ सुधर जाएगा'

तुम्हारा ये कहना
पता नहीं छल था या विश्वास
या तमाम शिकायतों के एवज में
एक जवाब

जो भी हो
तुम्हारी इस उठा-पटक में
सबसे ज़्यादा भीगीं
तुम्हारी 'अपराजिता देवी'
उर्फ़ मेरी आजी
और बहुत सारे कारणों के साथ
कुछ तो इसलिए भी
उनके तईं तुम्हारा मरना
सिवाय धोतियों के रंग बदल जाने के
और कोई अर्थ नहीं रखता
कुछ हो-न-हो
कितना ढाढ़स था
जो अनुपस्थिति के दूसरे सिरे पर
तुम थे

तुम थे
और थीं
तुम्हारी मोहक तटस्थताएँ...
तुम्हें पता भी है
यहीं से...
ये जो खो गये हैं
तुम्हारी तलाश के सिरे
मेरी उँगलियों में
ठीक यहीं से
मेरे जीवन का कृष्ण-पक्ष
शुरू होता है।

कहाँ चले गये तुम
ओ मेरे सूत के बुनकर!

अब कुछ, नहीं कहते
तुम कुछ पूछते भी नहीं
सदमे भरी मेरी ख़ामोशी
धैर्य में बदल रही है
मेरी विरक्त-जागृति का अन्त
बार-बार खो रहा है
इसके पहले
कि तुम्हारी ज़बान में लगा ग्रहण
मेरी ज़बान को पूरी तरह घेर ले
कुछ तो पूछो!

कैसे

कैसे हो जाती हैं विदा बहनें
हमेशा के लिए हमारे घरों से
फिर जब आती हैं कभी तो
उनके सूटकेसों में ही रहते हैं
उनके टूथब्रश और कपड़े।

कैसे मिल जाता है
दादी को बरामदे का कोना
सबसे पहले परिचित होती है वही
मौसम से।

कैसे खुद जाता है
घरों के बर्तनों पर नाम
फिर उठ जाती है
आँगन के बीचों-बीच से
दीवार।

उस दिन

उस दिन
मेरे कहने का अर्थ यह नहीं था
कि रंगों से विमुखता में ही
सुख का ठौर है

मैंने तो यही कहा था
थोड़ा पेचीदा-छुपा हुआ, लेकिन
सादगी का भी अपना एक सुख होता है
ये सब 'कलर और कल्चर' की बात है
तुम समझोगी नहीं!

पता नहीं
चेतना की किस आवृत्ति पर था मैं
और तुम
रंगों के किस बोध पर
कि उठीं
और लौटकर नहीं आयीं
स्मृतियों की धारा में
मेरे प्रवाह के विरुद्ध, आज भी
अविकल बह रही हो तुम
आज भी...
जबकि तुम्हारा जाना
मेरे होने को
बेमतलब कर गया है...।

तुम्हारे फागुन की एक रात

ख़ूब साफ़ आकाश में
बेहद ऊँचाइयों तक उड़ने वाली
पतंगों के दिनों की
एक बदली भरी रात है ये

ऊपर बादलों में सरकते हुए चाँद
और इधर पृथ्वी पर पसरते हुए
व्यर्थता-बोध के बीच
रेडियो पर बज रहा है छायागीत

छायागीत के साथ
बज रहा है तुम्हारी देह का सितार
हो रही है हरसिंगार की बारिश
इस बारिश में भीग रहा है
सर-ब-सर
मेरी उँगलियों में दबा हुआ
तुम्हारा एक चुटकी फागुन

मुझसे छूट रही है
मेरी धुरी...
बढ़ रही है उलझन
इन उलझनों में
हमारे बीच के बदलते हुए कोण पर
रखा है मेरी दृष्टि का चाँदा

चाँदा साध रहा है
कहीं से किसी भी अंश पर
तुम्हारे साथ जीने की चाह।

एक भुलाई जा चुकी प्रेमिका का बयान

मैं स्मृतियों की नब्ज़ से
उँगलियाँ हटाकर भी
यह कह सकती हूँ
कि अब तुम उत्तर के विकल्पों में
दिखते हो मुझे
कि जहाँ
सही की तलाश में
भटक जाना
बेहद मामूली वाकया है।

ये प्राइम टाइम है

ये प्राइम टाइम है
विभिन्न चैनलों का
सबसे उर्वर समय!

उसने मुझे फोन पर बताया—
ये सने हुए आटे को फ्रिज में रखने से लेकर
रोटियाँ सेंकने के पहले तक
के बीच का स्पेस है
जो मैंने तुम्हारे लिए ही
निकाला है

मैं टी.वी. पर AXE का विज्ञापन देखते हुए
पूर्वी उत्तर प्रदेश में सूखा पड़ने की न्यूज़
स्क्रॉल पर पढ़कर
दुखी होने ही वाला था, कि
उसने आगे कहा—
मुझे सुन्दर कहो
प्लीज़!
फोन पर ही कहो— सुन्दर

आज बहुत से लोगों ने कहा है
तुम भी कहो— प्लीज़!
मुझे याद आये
उसके नीले बुन्दे

कॉरिडोर की ठंडी फर्श पर
मुझसे बोलते हुए
आज दोपहर

बांग्ला मेरा शून्दौर!
साँवली और सुन्दर!

नहीं मैं नीले सूट में थी
और मैंने तुलसी की माला पहनकर
रिप्रोडक्शन पढ़ाया है आज

कई बार टप्पा खाकर
उछलने वाली गेंद को
एक ही उछाल में
रोकना चाहता था मैं

सिर्फ़ बातों में जीते हुए
इमोशनल होना
मुश्किल है मेरे लिए—
मैंने कहा

मुझे याद आये
मुझसे बहुत दूर रहने वाले वे लोग
जो वक़्त-ज़रूरत
फ्लाइट पकड़कर आते हैं
और एक यूनिट ख़ून देकर
वापस चले जाते हैं।

सुनो,
मैं ऊबना चाहता हूँ
बस्ते से पैर लगने पर

बार-बार विद्यामाता को
चूमते हुए लोगों से

मैं दुनिया के सभी बैगों में लगी
ख़राब चेन बदलना चाहता हूँ

मैं एक फुटबाल को
उँगली पर घुमाना चाहता हूँ
उसके पृथ्वी में तब्दील होने तक

उसने कहा—
देर हो रही है
मुझे जाना है
रोटियाँ सेंकनी हैं
जल्दी कहो
मैं सुन्दर हूँ
प्लीज़!

या यही कि
मैं सुन्दर लग रही थी आज
नीले सूट में

फिर उसने कहा—
आगे और...

सुन्दरता की चीर-फाड़ करते हुए
मुझे दो आँखें मिलीं
एक जोड़ी होठ
लम्बी गर्दन एक
और दो ठो स्तन
ठस और ख़ूबसूरत

उस दिन देर तक उससे बातें करते हुए
मैंने महसूस किया
ये फ्रिज में रखे आटे
और सुबह से गर्द खाये सम्बन्धों में
खमीर उठने का समय है।

उदासी

इस बारिश में
उड़ नहीं पा रही है दूर तक
अपने पंखों की छाँव में
बैठी है देह

खारे पानी की चादर ओढ़कर
कुछ गरमाहट महसूस करती हुई पुतलियाँ
स्थिर हैं
सामने के बदलते हुए दृश्यों पर
कोई पकड़ नहीं रह गई है इनकी

वो सुन्दरता
जो अभी तक मेरा स्मृति-पटल थी
अब अनिश्चित हो चली है

केन नदी के चट्टानी तट से
लाए गये कुछ पत्थर
मेरे सामने पड़े हैं
तेज़ हवा से खुल गया है
खिड़की का एक पल्ला
न जाने कहाँ से उठे हुए
बादलों की बारिश से

भीग रहे हैं पत्थर...

जबकि समूची आधी रात
अभी शेष है
बीतने को।

मज़मून

गरचे : खनक है अधैर्य की
हर कहीं
और वैसा ही पर्दा पड़ा है
देह पर

वहाँ रात है
उदास एकान्त है
और मेरे होने के सुराग़ भी
और जो भी हैं—मेरी शिकस्तें
या कुछ और
उलझी पड़ी हैं फ़ैज़ से

बस एक तुम नहीं हो वहाँ
कि जिसके होने से
'होने' का काव्यशास्त्र होता है।

मैंने कहा, आओ
इस साँवली ख़ामोशी में
हवा की तरह नहीं
गुज़र जाओ
किसी जोगिन बयार-सी
अगोरती गुमशुदा हरीतिमा को मेरी

भले ही
उस बावरी ध्वनि की सांख्यिकी पर
टिकी हो मृत्यु
अर्जित प्रेम की

पर आओ— यात्रिन ओ !

तुम्हारे हाशिये पर
मेरे होने के सुराग़ हैं
इस वर्जित विभावरी में
वहीं कहीं चली आओ!

अपने सबसे ज़रूरी साथ उर्फ़ अकेलेपन से

तुमने मेरा हाथ छोड़ दिया
तुम्हें याद है
तुम्हारी मज़बूत खाल ओढ़ते ही
मैं चेत जाता था
ठोंक-पीट करने लगता था
अपने भीतर

कितनी चाह थी मुझे सुगढ़ता की!

इस जीवन के तिलिस्मी मुहावरे की
बहुत बड़ी भीड़ में

तुमने मेरा हाथ छोड़ दिया
अब यहाँ इन हथेलियों पर
एक ख़ामोश हुजूम का क़ब्ज़ा है।

मैं डरता नहीं
ऊब जाता हूँ
यदि चीज़ों के आयतन के अनुपात में
उनके घनत्व न हों तो

तुमसे क्या छिपा है
तुम सब जानते हो
तुम जानते तो यह भी हो

कि मेरे बिल्कुल आसपास
कभी कोई नहीं रहा
बग़ैर बदले कहीं उतरते रहे हैं
मेरे फिंगरप्रिंट्स— तो सिर्फ़ तुम पर।

हाँ! मेरे हर अपराध पर तुम्हारी पकड़ रही है।

अब इसके पहले
कि मेरी क़ब्र के पास से उठता हुआ धुआँ
साफ़ हो जाय
और मेरी शिकायतों के सारे मायने
बदल जायँ
तुम मुझे खोज लेते तो बेहतर होता।

एक पोस्टकार्ड

ये इस बाथरूम को
मेरे कमरे से जोड़ने का
एक दरवाज़ा है
जिसके दो पटरे खिसक गये हैं
विपरीत दिशा में

इस खिसकाव की निर्मिति है
एक झरोखा
मैंने उस पर
एक पोस्टकार्ड टाँग रखा है
(किसी दोस्त का है दिल्ली से)

जिसके पीताभ पृष्ठ पर
एक सपाट सम्बोधन है
फिर है हालचाल
फिर कुछ लाइनें हैं
प्रेमनुमा

हरे रंग की गाढ़ी स्याही में
धड़कते हुए
वर्षों पीछे की क्लोरोफिल में
आकंठ डूबा है पोस्टकार्ड

उस झरोखे से
पोस्टकार्ड के हटते ही
कहीं भी जा सकती है
साबुन की ख़ुशबू
पानी के छींटे
और एक इंच नग्नता

मैं बहुत कुछ समझता हूँ, मित्र !
पर क्या करूँ
इस बीच
मेरे दिन 'छान' दिए गये हैं
जूट की नर्म रस्सी से

जो भी पास में हैं
हुनर, एकाध !
खर्च हो रहे हैं
अपने मृत्यु पर्व को
सूत-सूत भर
आगे खिसकाने के एवज में

जाने कब से सोच रहा हूँ
कुछ भेजना है तुम्हें
जवाब देना है
तुम्हारे इस पत्र का
कि जिसकी ओट में
हर सुबह सुरक्षित है
मेरी नग्नता
पूरी दुनिया से।

नृत्य–संगीत

यहाँ वक्रताएँ हैं
लय की समानधर्मा।

साँसों के टूट जाने के पहले तक की आवाज़
आलाप है।

लोच है
गिर न जाने तक का सन्तुलन।

एक निश्चित आरोह–अवरोह में आबद्ध
राग–रागिनियाँ हैं स्वतन्त्र।

इनके होने से

इनके बजने से
जेब में सिक्के गिरते हैं

ये कुल्फी के ठेलों में लगी
मन्दिरों वाली घंटियाँ हैं

ये महज़ प्रार्थनाओं के नाद सौन्दर्य को
बढ़ाने वाली घंटियों के ख़िलाफ़
किसी की दाल का नमक हैं
किसी की कील का तल
किसी ख़त्म हो चुकी पेंसिल का विकल्प
एक नयी— बिना-छिली—पेंसिल है ये

इनके होने से
एक मन्दिर का नहीं
एक घर का बोध होता है।

एक उचटी हुई नींद में

वहाँ एक सिकन्दर है
वो ख़ुद अपनी सेना है
उसके सामने कोई नदी नहीं है
न सिन्धु
न झेलम
न व्यास।

उसके पास है तो क्या
महज़ एक ऐतिहासिक बेचैनी
जिसके रदीफ़ बदलते रहे हैं, बार-बार
काबुल के कुछ घोड़े
और ईरान के इत्र
और एक 'रिवाल्विंग-चेयर'
जिस पर उसका ग्रीक मुकुट रखा है

उसके पास है तो क्या
अकेलेपन से निपटने के
कुछ असफल फार्मूले
पाईथागोरस की एक प्रमेय
कुछ सूफ़ी क़लाम
और किसी देश का एक राष्ट्रीय झंडा
एफ.एम.बैंड रहित एक रेडियो
और एक सहारा समय
एक चन्द्रलोक

और एक पैलेस
जहाँ कोई फ़िल्म कभी ख़त्म नहीं होती।
हाँ, उसके पास
किन्हीं नमिता भारद्वाज के फोन नम्बर हैं
जो उसके द्वारा विजित शहरों के
नहीं हैं

या फिर,
पीले पड़ चुके कुछ प्रेम-पत्र हैं
जिनकी नायिकाएँ—
अपने फूहड़पन में डूबी हुई
कुछ नैतिक-क़िस्म की प्रेमिकाएँ हैं।

वो न मजनूँ है
न फरहाद
प्रेम से तमाम बार ऊबा हुआ
वो अपने आप में ख़ुश है।
वो मुग्ध है चौड़े चिकने लकड़ियों के उन पटरों पर
जिनसे तख़्त भी बन सकता है
और ताबूत भी।

वो चुप है।

अक्सर ख़ामोश है वो
गहरी ख़ामोशी में भी उसके पास
हर जगह रोशनी फेंकते हुए
कुछ विजयस्तम्भ हैं।
(फिर इससे क्या कि बहुतों ने उन्हें
इतिहास पर थूकते हुए शिलालेख कहा है)

हाँ,
सियासत, स्पृहा और सौन्दर्य के
उस जुलाहे के पास
अभी बहुत कुछ है...
उसकी बेचैनियों पर मत जाइए

वो बदलते हुए क़ाफ़ियों का योद्धा है।
मत जाइए उसकी हैरानियों पर
ये कोई इसी मौसम की बात नहीं है
जब-जब उसकी नींद हराम होती है
वो इतिहास में दर्ज
अपने प्रत्यावर्तन के कारणों को
बदलना चाहता है।

पटदीप

कभी बल्लमों-सी चुभती
इश्क़ की सुई
ख़ामोश है
तोहमतों के लिहाफ़ में

जैसे फागुन के 'फ' को
सीने में दबाये
दीवार पर एक कील है
उस पंचांग के ऊपर
सोयी-सी
या कि मृत।

इच्छाएँ

और क्या चाहिए
सिवाय इसके
कि
गाहे-बगाहे परिधि में
उड़ती रहें तितलियाँ
रोशनदान पर होता रहे
तिनकों का जमावड़ा
आँगन में तना रहे लोहे का तार
कि ख़राब मौसमों से पहले
कुछ सन्धियाँ बदल जाएँ
सहजताओं में
खड़ी दोपहर बजते रहें
सन्नाटे के छन्द
जीभ पर टिका रहे
प्रेम का स्वाद

शाम हो
तो थोड़ा उजाला हो जाय घर में
निभ जाय ठीक से सोने-जागने का क्रम
किसी भी तरह टूटती रहें
आपसी ख़ामोशियाँ

सिवाय इसके और क्या चाहिए
जो इस मामूली-सी ज़िन्दगी के बिम्ब
बन रहें उम्र भर
बाहर और भीतर...।

वो बूढ़ा बैंगनी कबूतर

उनकी उड़ान पर नज़र रखने के लिए

रंग दिया जाता है, कबूतरों के पंखों को
हरा, नीला, गुलाबी या बैंगनी
अपने ही किस्म के कबूतरों से
अलग कर दी जाती है उनकी बिरादरी

कहानियों की तरह कबूतर
नयी नस्ल को बताते हैं ये बातें–
कि मैं रंगों का कोई बिन्दु मात्र नहीं था
न ही लिपा–पुता कोई कैनवास

माना, हम थे बदरंग
पर थे तो एक ही रंग के
बचपन से, गेहूँ ही खाते
और तड़पते सिर कटने पर
चीखते–चिल्लाते पंखों के नुचने पर

बीत गया सब धीरे–धीरे
और बड़ी तेज़ी से बीत भी रहा है

तुम भी कहोगे, एक दिन
वो रहा... वो रहा, बूढ़ा बैंगनी कबूतर
जो मुझे अपनी नस्ल का बताता था

जबकि हम तो हैं गुलाबी
गुलाबी, गुलाबी...
हैं न एकदम गुलाबी !

एक दिन यह भी...

लँगड़ा सूरज आकाश में
भचक-भचक कर चलता रहा...
धूप ज़मीन पर उतरकर
अपाहिजों की तरह रेंगती रही

बादलों के चीथड़े
घूम-घूमकर फटे आकाश में
पैबन्द लगाते रहे ...

अन्धी हवाएँ सूखे पत्तों को छूकर
गुजरती रहीं...

और इस तरह,
बसन्त के उपसंहार का मौसम
गुजरता रहा...

बन्द अँधेरे कमरे के बाहर
बड़ी देर तक बड़बड़ाता रहा मैं

भीतर चूल्हे पर चढ़ी चाय
उबलने के बाद भी
निरन्तर खौलती रही...।

आओ!

उठो,
साधे पंख
उड़ो
आओ भीतर
रोशनदान से ही सही
कि यहीं से तो आती है
धूप सबसे पहले

आओ भी,
कि अफ़सोस के हिज्जे हटा दिये हैं मैंने
कुछ और तिनके जुटा लिये हैं
एक डाल भी तराशी है कैंचीनुमा
मन की गिलहरी फुदक रही है— आओ।

आओ,
कि अब तक गीला है आँगन
चौके की राख में आग नहीं है
आओ!

आज भी

आज भी कमरे में है
गहरा ठंडापन
ठंडी हैं दीवारें, छत
सिकोड़ लेता हूँ पाँव
जमीन ठंडी है

नहीं डोल रहे मन—पानी—सम्बन्ध
सिवाय एक वक्त के
जम चुके हैं सब
जमे हुए हाथ नहीं पका सकते
अपने लिए—दो रोटी तक

कसमसाती है ज़बान
लिखना चाहता हूँ
दीवारों पर—'भूख-भूख'
उँगलियाँ मुड़ती नहीं
नहीं बँधती मुट्ठी
कमरे के बर्फीले सच ने
सब ठंडा कर रखा है

पता नहीं,
उसके प्रेम की ऊष्म-स्मृति
कब तक रखेगी मुझे जीवित!
जो बिला गयी है कल
इस ठंड में।

उपसंहार

शासन के योग्य तुम नहीं रहे
सामन्ती सम्बन्धों के ताने–बाने ने
तुम्हें कहीं का नहीं छोड़ा

तुम्हारे भीतर के खाली कोटरों में
कम्पास जैसी सतर्कता के बावजूद
एक दिशाहीन बोध भर बचा है

कायरता तुम्हारे अन्दर
घुटने मोड़कर बस गयी है

और जिसे तुम सम्भावना कहते हो
वो मेरी नज़र में
आशंका से अधिक कुछ नहीं है

बस बहुत हो गया
चुप हो जाओ अब
दुख मनाने का समय भी
शेष नहीं है तुम्हारे पास!

नोटिस

कुर्सी के दाएँ हत्थे में
घुन लग चुका है
कमज़ोर हत्थे पर नहीं
फ़िलहाल तो हवा में है 'दायाँ बाजू'

हाथ का हवा में होना
हवा के हाथ में होने से अलग है

कुर्सी पर पीठ टिकाने की टेक
रीढ़ की हड्डी के साथ
व्यावहारिक नहीं रह गयी है अब
कहीं-कहीं कीलों ने
ख़ुद के गर्दन तक
धँसे होने के ख़िलाफ़
अपने सिर को ऊँचा कर दिया है तनिक और
इन सभी दृश्यों से
जुड़ा हुआ हूँ मैं
पर घटनाएँ कटी हुई हैं मुझसे

आश्चर्य है कि दृश्यों से जुड़ना
घटनाओं से जुड़ना नहीं होता
उकताहट बढ़ रही है लगातार
या तो ज्वालामुखी फट जाय
एक बारिश हो जाय जमकर!

बच्चे

दोपहर में
न सोने पर
पिटते हैं कई
कई और
ऊँघ तक नहीं पाते
भट्ठी के सामने
जीवन भर।

फ़िक्र

उस बेढंगी दीवार पर
मार दिए गये थे
जो कूचे
तुम्हारे और मेरे नाम के

वो नाम
हर बारिश में भीगते
और धूप में सूखते
अपनी–अपनी मात्राएँ
खो रहे हैं...

मौसम उसक रहा है ये इबारत
मेरी जानशीं
मेरी वांछा— सनम,
आख़िर अब
कहाँ ज़िन्दा रहेंगे हम ?

प्ररोचना

मेरे विलास की कल्पनाओं में
तैरती हुई किसी नाव-सी
नहीं हो तुम

इच्छाओं के असन्तुलन में
उठ रहे किसी कदम-सा
भी नहीं है तुम्हारा होना

स्मृतियों से बिखर रही
ऐतिहासिक तथ्यों सरीखी
निश्चित सुन्दरता-सी
नहीं हो तुम

मेरे चौके पर
टेढ़ी बेली हुई रोटी
मेरी तर्ज पर रुका हुआ
किसी छन्द का कोई गीत
कुछ पूछते हैं मुझसे

क्या कहूँ उनसे ?

मुझसे हवाओं जितनी दूर मेरी मृगिनी,
मेरी हरिनी— 'प्ररोचना'
कहाँ हो तुम ?

गाँव

मुझे ठंड से बचाएगी मेरी ऊष्मा
चाँद सारी रात साथ-साथ होगा
हम जागेंगे रात भर बग़ैर थके
इस ख़ामोश उजली यात्रा के लिए
मुख़ालिफ़त के किसी दौर में
जाने-अनजाने
हम रह गये हैं, छूट गये हैं
जहाँ कहीं थोड़ा भी
वहाँ वापस लौटने के
हमारे अपने निकष होंगे

हमारे अपने लोगों से लड़ने के लिए
हमारे अपने हथियार होंगे

हम 'चाक' के रुकने का इन्तज़ार करेंगे

इस पसरते सन्नाटे की क़सम
वहाँ के अनोखे मोहजाल में
अपने ख़िलाफ़ शब्दश: कार्यवाही करते हुए
हम बचा रखेंगे
अपने होने के तर्क को
बख़ूबी।

एक रात होती शाम

रास्ता बेहद सूना है
लैम्प पोस्ट की रोशनी
कुहरे की चादर से ढँकी है

दोनों हाथ जेबों में दिये
चप्पलें फटकारते
मैं सिर्फ़ चल रहा हूँ
ओस से भीगे पत्ते
रौंदे जाने पर भी ख़ामोश हैं
इस ठंड में
छूटती हुई साँस के साथ
बहुत कुछ छूटता जा रहा है
उस मोड़ से यहाँ तक के सफ़र में
तमाम आस्थाएँ विस्मृत हो चली हैं

इस बेहद निराश समय में
इस वक़्त मेरे पास
महज़ एक रात होती शाम
और कविता भर बची है।

बाहर निकलने से पहले

बाहर निकलने से पहले देखता हूँ कमीज़ की क्रीज
उसका धुलापन... साफ़गोई

घुटने के आगे अड़े रहने की
अपनी पैंट की ज़िद पर
आश्वस्त होता हुआ
तय करता हूँ रूमाल की जगह

सिर के सफ़ेद बालों को
आहिस्ते से बिठा देता हूँ
काले बालों के पीछे
जैसे कि उनके दिख भर जाने से
एक-एक कर
मेरे सारे अपराध गिन लेगा कोई
कल की किसी ठोकर का निशान
वहाँ रह तो नहीं गया है
चलने से ठीक पहले
देखता हूँ जूते की नोक की तरफ।

इस दो अक्टूबर की शाम

जा रहा हूँ
जाने से पहले ये कहा था पिता ने
और पिता वही कहते थे
जो उन्हें करना होता था।

पिता पार कर गये घर की दहलीज़।
फिर अहाता।
फिर सड़क।
माँ जो अब तक चुप थी,
चुप ही रही
हिली तक नहीं अपनी जगह से
यह भी नहीं देखा
कि पिता पूरब गये या पश्चिम
धीरे-धीरे वो खो गये
शाम के धुँधलके में।

हम सब सगे थे—
माँ, मैं और पिता
जैसे कौशल्या राम और दशरथ
कहीं कोई ऐब नहीं था किसी में
और पिता...
वो तो लामबन्द रहे हर मोर्चे पर
कल तक नहीं
बिल्ल्कुल आज सुबह तक।

फिर आख़िर क्या हुआ,
इस दो अक्टूबर की शाम
कहाँ चले गये पिता ?
किससे पूछूँ ?
किससे कहूँ कि पिता खो गये हैं ?
किसे बताऊँ कि उनका जाना
हम सबका बेहरकत होना है
पिता की क़द-काठी, चाल-ढाल
उनकी एक ठस पहचान
बरस रही है हर तरफ
मैं घर छोड़ रहा हूँ...
पिता की तलाश में।

माँ चुप है।
मैं चाहता हूँ वो कुछ बोले
यही कहे कि जैसे गये थे
वैसे ही लौट आएँगे पिता
लेकिन वो चुप है
जैसे उसके कुछ बोल भर देने से
पिता कभी कहीं नहीं लौटेंगे।

सारांश

डरता हूँ मैं
तुम्हारे रखने
और
फेंकने के तरीके
इतने अभिन्न जो हैं।

प्रत्युत्तर

तुम्हारी मुट्ठी में क़ैद था
जो मेरा—प्रश्नवाचक
तुमने उसके ऊपर
मेंहदी का रंग चढ़ा दिया है।

मैं परेशान हूँ और ख़ुश भी
रंगों से लैस जवाब
किसे पसन्द नहीं आते!

डूबते सूरज से दो–चार बात

क्यों नहीं डूब जातीं
दिन भर की सारी अपूर्णताएँ
तुम्हारे डूबने के साथ

खालीपन से घिरा हुआ
क्या करूँ दूसरी सुबह तक
गिनूँ अपने नाश के क्षण
या फिर, तुम्हारे जुगनुओं को पाल लूँ
अपनी स्याह रातों के लिए

बोलो! दोगे थोड़ा–सा उबलाव
दमक...
प्रिज्म से होकर
सात रंगों में बँटनेवाला प्रकाश

शाम ही से अच्छे नहीं तुम
घुस आये हो
पश्चिम की खिड़कियों से भीतर
बदल रहे हो रंग तस्वीरों के

हाँ, इन दिनों तुम्हारा डूबना
मेरी मृत्यु का सम्भाव्य सूचक है
जानते हो तुम!

पिता तुम

तुमने उँगलियाँ थामीं
चलना सिखाया
इच्छाओं को अक्षरों में
बदलने के समीकरण बतलाये
हरकतें दीं
पश्चात्ताप का मतलब भी
समझाया
सपनों को पैदा करना
और मारना भी बताया
धर्म और निष्ठा में कई रोचक सम्बन्ध दिये तुमने
आसनों के सहारे
स्वप्नदोष को होने से रोका भी
कुछ इस तरह मुझे
बड़ा करते रहे तुम
फिर धीरे-धीरे
मेरे फ़ैसलों से
ख़ुद को काटने लगे तुम
मैं और बड़ा होता गया।

अब चरित्र
गुनाह की साँकल
खड़खड़ाता है बार-बार
बोलो किसे पुकारूँ... ?
तुम्हें ?
या ईश्वर को ?

जो बताये मुझे

नहीं मिलती मेरे भीतर
तुम्हारे हाथ से रखी हुई
कोई स्लिप
जो बताये मुझे—
यहाँ तक पढ़ा जा चुका हूँ मैं।

हो सकता है

हो सकता है,
वहाँ बिछी हुई
समतल चादर
सिलवटों के लिए
एक बंजर ज़मीन हो।

नववधू

चैत की दोपहर में
बैठकर शीशे के सामने
देखती है अपना शृंगार
ढूँढ़ती है नथ के पीछे
उनका प्यार

गिनती है उँगलियों पर
बीमार सास के बचे हुए दिन
घर में अलग चूल्हा धरने को
सोचती है कोई तारीख़
हाथ में सिंधौरा लिये
हटा देती है सामने से
गुलदान।

चाहता हूँ, युगों तक

अपने पैरों से उतारी है
अभी–अभी तुम्हारी चप्पल

मेरे तलुए गुलाबी हो गये हैं
महावर से तुम्हारे
चाहता हूँ, युगों तक
न छूटे ये महावर।

अनिश्चय की सतह पर

मेरे बाहर जाने के बाद
घर में बची रह गयी तुम्हारे लिए
एक अदद सूनी दोपहर से डरता हूँ
डरता हूँ—
सम्बन्धों की ताज़ी बर्फ
इस तपती दोपहर में पिघल न जाय
दुखता है माँ का गाँव रहना इस वक़्त।

लौटने पर देखता हूँ
दिन भर में नहीं बिगड़ती
अख़बार की कोई तह
नहीं मिलती कभी कोई 'इंडिया टुडे'
खुले ही पलटकर रखी हुई, मेज पर
किसी उपन्यास में नहीं दिखती
लाल ऊन की डोर,
दो पन्नों के बीच दबी हुई।

हालाँकि, दोपहर में
तुम्हारे सोने की आदत पर
विश्वास नहीं होता...
...और जब नहीं उठाती फोन जल्दी तुम तो...
फिर कुछ पूछना,
अपनी स्थिति को कमज़ोर करना है।
अचानक से बारिश होने पर भी

ऊपर फैले कपड़े गीले नहीं मिलते किसी शाम
विश्वास के पनपने तक
एक लम्बी छुट्टी मिलनी ही चाहिए, आफ़िस से।
लौटने पर,
अक्सर खुला मिलता है, दरवाज़ा
मेरी अनुपस्थिति में कौन है
तुम्हारे भय पर छतरियाँ ताने ?

मेरी असंग स्थिति में

हर कहीं क्यों नहीं हूँ मैं
केवल यहाँ
केवल वहाँ
बस कहीं-कहीं ही क्यों हूँ
वह भी ज़रा-ज़रा-सा!

बहुत ज़्यादा कहीं हुआ
तो भी अपने पूरेपन में
रत्ती भर कम
उस पर छूटता हुआ हर कहीं
थोड़ा बहुत

घने कोहरे से घिरी
ये उँगलियाँ
अकेली हैं...

निहंग

हाँ! मेरी असंग स्थिति में
कोई नहीं साथ

काश!
कि जितना कम पड़ता हूँ मैं
अपने पूरेपन में,

होनेपन में अपने,
बस, उतना ही रह गई होती तुम
अपने जाने के बाद भी
मेरे पास।

उस न जाने क्या को

तुम्हारे आँचल के छोर में
बँधा है जो सिक्का
ख़रीद सकता हूँ उससे
मैं अपनी तमाम ख़ुशियाँ

उतरी है, घर के भीतर
जो चप्पल तुम्हारी
उसे पहनकर जा सकता हूँ
सब कुछ लुटने वाली जगह पर भी

तुम्हारे गहने की
झर चुकी चाँदी को
बिखेर सकता हूँ
किसी भी नदी के पाँव में

तुम्हारे नाक में अटकी
कील की जगह
देख सकता हूँ
मीठी नीम की कोई सींक

अनजाने घरों पर भी
टाँग सकता हूँ पर्दे
तुम्हारी चमचमाती बनारसी साड़ियों के
लेकिन,

तुम्हारी बन्द मुट्ठी में क़ैद
उस न जाने क्या को
जीवन भर के लिए
नहीं खो सकता अभी।

अभिज्ञान

इतना ही बहुत है
जो तुम
लगभग
अपने हो।

हो रहा है सब

उतर रही हो
मन की सीढ़ियाँ

पाजेब बज रही है तुम्हारी
झर रहे हैं सुनहरे रेशे
तुम्हारे सपनों के आँचल से

बुन रही हैं उँगलियाँ
मेरे यथार्थ की मटमैली चादर।

बस एक घंटे लेट है

म्यूज़ियम तक
बस नम्बर सैंतालिस जाती है
तुम्हारे पोस्टरों से सजी हुई
अपनी दुनिया लिये
बस स्टॉप पर खड़ा हूँ।

जब तक तेज़ धूप थी
इन पोस्टरों के रंग
उड़ने का डर था।

अब बादल गरज रहे हैं
बिजलियाँ चमक रही हैं
और लगभग
हाँफता हुआ एक आदमी
अभी-अभी कह गया है—
बरसात के कारण बस एक घंटे लेट है।

बेली बुआ के लिए

बड़ी मुश्किल से खिले हैं
परती पड़े खेत पर
अलसी के फूल

हवा में गमक है
बुआ के गौने की
आँखों पर तिर आयी है
जलचादर विदाई की

आज
मेरे साज़ का एक तार
ढीला है
जिसे बुआ कसती थीं
लिखे जा रहे पत्र में
एक लाइन कम है
जिसे बुआ लिखवाती थीं

लग रहा है
इस राशि में
एक धरा कम है
जिसे बुआ धरती थीं...

अद्यतन

ये कानून की गोलियाँ हैं
हमला करने के बाद
हमले की ज़िम्मेदारी भी लेती हैं
चमड़े की बेल्ट में
गर्दन तक धँसी
ये 'हवा' में कुछ सूँघकर
अपराधी के सीने की तरफ बढ़ती हैं।

अमरूद खा रहे हाथ
या चाय पी रहे हाथ
कभी भी इनका प्रयोग करने के लिए स्वतन्त्र हैं।

ये एक ख़ास तरह के लोगों के पास होती हैं।
ये एक ख़ास तरह के लोगों के पक्ष में हैं।

इनके होने से
एक ख़ौफ़नाक चुप्पी रहती है
कोई हँसता नहीं
कोई सिसकता भी नहीं।

रात के दूसरे पहर

रात के दूसरे पहर
भूमिकाएँ बदल रही थीं
चेतन-अवचेतन की अदला-बदली में
सुनाई नहीं पड़ रहे थे ट्रकों के हार्न
न जाने कहाँ से लौट जा रही थी
गश्त लगाते चौकीदार के डंडे की आवाज़

पुतलियों पर अजीब से रंगों के घालमेल
और बिसरती हुई आकृतियों के बीच
तय हो रही थी सपनों की आवृत्तियाँ
बेहद रंगीन रोशनियाँ आयीं और गयीं
हवा कभी चली कभी नहीं

चीज़ों के मूल में
उनके होने का बोध धुँधला होता रहा
हाथों के पास हाथ नहीं रहे
पैरों के पास पैर रह गये कुछ कम
फिर भी पेड़ों की छाल-सा
मैं चिपका रहा नींद से
गड़ाए हुए प्रक्षेपक पर अपनी दृष्टि

मुझे लगा ख़त्म हो रही है
सपनों की तुतलाहट
और एक बार फिर

इतिहास की लाल तारीख़ों को
ब्लैक बोर्ड पर
काली खड़िया से लिखकर
कोई कुछ बता-समझा रहा है

धीरे-धीरे मेरी परेशानी बढ़ने लगी
हवा का चलना बन्द-सा हो गया
ब्लैक बोर्ड और काली खड़िया के बीच
सन्तुलन साधते हुए
मैं उठ बैठा...

अब तक हाथों में जो थी
एक मुट्‌ठी सिकुड़ी हुई चादर
मेरी खीझ का प्रतिफल
मुझसे छूटने लगी है

विरोध के सही तरीके की तलाश में
नींद से बाहर आते हुए
मैं सपनों से बाहर आ गया हूँ
बाहर कहीं कुछ नहीं है
न बादलों का शोर है
न तारों की खिलखिलाहट

पत्तियों पर हवा की दस्तक भी नहीं है

इस आलमे-तन्हाई में
बग़ैर सपनों के
मैं समय का चलना देख रहा हूँ।

सुरुचि

सिर से पाँव तक
तुम्हारी देह पर खिले इन फूलों ने
मेरी विराग आँखों के लिए एक राग सजाया है
इन फूलों की चंचल रंगीन महक ने
मुझे जोगी होने से बचाया है
ये जो तुम्हारी देह के फूल हैं
मैं धूप, हवा, पानी, परिन्दा...
कुछ भी होने को तैयार हूँ
इनके वास्ते।

उस रंगरेज़ से

मुझे,
उस रंगरेज़ से प्यार है
जो मेरे सपनों को रँगता है
फिर आँगन में बँधी
गाँठ वाली रस्सियों पर
उन्हें सुखाता है

सूखे सपनों में आयी
लम्बी अकड़ को
भीगे मोजों से
करता है ढीला...

और एक ताज़ी गर्म 'प्रेस' से
सपनों में लाता है
एक गर्माहट
और चाहे हुए
तमाम मोड़।

तुम्हारे लिए मित्र

उसका आना
किसी एहसान की तरह नहीं होता

अक्सर,
पश्चात्ताप के कोहरे में क़ैद आता है वो
धीरे-धीरे
अपने न आ पाने की वजहें
खोलते हुए
गुलू-गुलू खेलता है वो—
अम्मा, कभी मैंने तुम्हें
गोद में उठाया है
दादी, तुम तो सिकुड़ गयी
एकदम
मेरी गुंचू
अभी कन्धे पर बिठाकर—
तुम्हें सन्न से दौड़ाऊँगा
सन्न्...न्...न्...न...

दादी शर्म से दोहरी हो जाती हैं
अम्मा आँकने लगती हैं अपना वज़न
गुंचू तैर जाती है
हवा में
यूँ ही...

उनकी आँखों में कौंधती है
ऊँचाई और पुष्टता
मित्र की

इधर भर लेता है वो उन्हें बाजू में

मन पतंग
तन डोर हो जाता है

फिर बात–चीत
चाय–वाय
ताज़े बने हुए लड्डू

अम्मा और आटे का हलवा...

मैं अपनी जेबों से
हाथ भी बाहर नहीं निकालता
कभी बाहर हुईं भी
तो बस मेरी भिंची हुई मुट्ठियाँ
या बँधे हुए हाथ
सीने पर

रविकान्त!

पता नहीं,
उसकी धूप में
उड़ते हैं मेरे रंग
या होते हैं और पक्के

फिर बातचीत
फिर... फिर
बातचीत...

घास में छिपी
पगडंडियाँ उघाड़ते
अतीत की ओर
हम दोनों
बीते दिन एकदम सामने

जैसे हवा सुखाये
धूप का पसीना
या धूप हटाये
नमी हवा की

देर तक ये सिलसिला
यूँ ही
ठिठका हुआ।

फिर दुख-सुख
शोक-घृणा
हर जगह मत्था टेक
चल देता वो

वो जैसे खुली हुई किताब
ढँकी हुई किसी पवित्र चादर से

जाते-जाते
एक बार फिर
सब कुछ तहा देता वो
क़रीने से
फिर-फिर आकर
उन्हें बार-बार उड़ोसने के लिए।

मैं— रियल अपर्णा

तुम नहीं थीं वहाँ
तुम्हारे होठ, आँखें, हाथ—
कुछ भी नहीं था वहाँ
और उस पर तौबा!
तुम्हारे उरोजों के पार
नहीं थे तुम्हारे उरोज भी

वहाँ तुम्हारे उरोजों के पार
एक प्यास का चश्मा था
प्यास का एक झरना
प्यास से भरा एक ताल

वहाँ नदी थी
प्यास की उफनाई हुई

मेरी लम्बी-पतली उँगलियों के निशान
उसी धरा पर थे कहीं...
नहीं,
तुम्हारी आहट से
वहाँ रोशन नहीं थे रास्ते
मेरी उँगलियों में फँसा

तुम्हारे जूड़े का एक टूटा बाल भी
अँधेरों के ही साथ था

अभी-अभी
तुम्हारी मुट्ठी से छूटकर अलग हुई
मेरी उँगली का पसीना भी
वाष्प हो चुका था वहाँ

वहाँ एकदम अकेली थीं
मेरी उँगलियाँ
उस कायनात में

एकदम निहंग!

मैं तो तब भी चुप ही था
तुम्हारा ही दावा था
तुम्हीं मुट्ठियाँ कसे
मुझे घसीटकर ले गयी थी
तुम्हीं!

तुम्हीं ने कहा था—
'मैं— मुझसे पार हूँ
हाँ, मुझसे पार हूँ— मैं।'

मैं— रियल अपर्णा!

मैं तो अब भी ख़ामोश हूँ
यहाँ तुम्हारे उरोजों के पार
इस प्यास के चश्मे में

इस झरने में प्यास के
प्यास से भरे इस ताल में
यहाँ...
इस नदी में प्यास की
उफनती हुई

मैं अब भी ख़ामोश हूँ।

लाल लोचन बिहारी, लालगंज और मनोरमा

नहीं निकली
पूरे उजियारे पखवाड़े में मनोरमा

मनोरमा,
लालगंज ब्लाक के अनेहरा गाँव में
दुबानन से बिलांग करती
छरहरी साँवली
इसी गाँव से इस वर्ष
हाईस्कूल प्रथम श्रेणी में उत्तीर्ण
फुलवरिया-किल्लोल-सी चपल
मनोरमा, नहीं निकली

बहुत दिन बाद कल दिखी है
कृष्ण पक्ष की दूसरी रात
दबे सुर में ठिठोलती
बाएँ गाल को ढँके
धानी दुपट्टे से
उसे लेकर चर्चा आम थी
बीते दिनों—

कोई बाएँ गाल पर दाँत काटकर
भाग गया था
बीस-एक दिन पहले

दुबानन से बिलांग करती
मनोरमा का

हल्की बावली
पुष्ट वक्ष
अद्‌भुत देहयष्टि वाली
विचारवान मनोरमा की
गणित की मोटी कापी में लिखित
त्रिकोणमिति के सेक थीटा (sec θ) के फार्मूले में
लाल लोचन बिहारी
जात के पटवारी ने
कुछ ऐसी छेड़खानी कर दी थी
कि एक उलटा सी
सेक (sec) के सीधे सी के पीठ में
जा लगा था...

ये वही समय था
जब सुदूर अमेरिका में
ओबामा की जीत तय हो चुकी थी
और दुनिया की सबसे पुरानी शराब
उन्नीसवीं शती के प्रारम्भ में
अटलांटिक महासागर में डूबे
एक पानी के जहाज के बेसमेंट से
खोज ली गयी थी

उधर कथावाचक पिता से
'जंगल में एक लकड़हारा रहता था...'
जैसी कहानियाँ सुनकर बड़ी हुई
भूसे में पाल डले
आमों को टटोलती मनोरमा
अपने बचपन में

आम की सूखी चोपी के भूगोल में दबे
अपने बाएँ गाल के
ऐतिहासिक महत्त्व से
अपरिचित थी

इधर लाल लोचन बिहारी ने
दुनिया के अन्तिम बचे वी.सी.आर. में
'प्यार झुकता नहीं' पिक्चर का
अन्त देखते हुए
क़सम खायी थी
कि वो मनोरमा के गालों से
सूखी चोपी के नक्शे
अपने थूक से भिगोकर छुड़ाएगा

तब तक भारत में
अमर्त्य सेन की कई किताबें अनूदित होकर
आ चुकी थीं
जिनसे साभार लेकर
अक्सर कोई-न-कोई अंश
हिन्दी के अख़बारों में छपने लगे थे

उस दिन
एक क़स्बाई अख़बार के
सम्पादकीय पृष्ठ पर
ऐसे ही साभार आये
एक लेख के पीछे छपे
सांडहा जापानी तेल के विज्ञापन को
सरसरी तौर पर पढ़कर
लाल लोचन बिहारी
मुदित थे
अपनी ही इन्द्रियाँ

परवश
मन–चेतना–प्राण
सब विवश

और आख़िर वो दिन आ ही गया—
उत्तर प्रदेश माध्यमिक शिक्षा परिषद की
नकलविहीन परीक्षा प्रणाली के ख़िलाफ़
लामबन्द लाल लोचन बिहारी
ग्राम–पोस्ट : अहिबरनपुर
ब्लाक : लालगंज के
माध्यमिक कन्या पाठशाला के भूतल पर
कमरा नम्बर तीन की खिड़की से
अँग्रेज़ी के द्वितीय प्रश्न–पत्र के
एक्टिव और पैसिव वाइस वाली पर्ची
मनोरमा की ठीक गोद में
फेंकने में सफल हो गये

गजानन की कृपा
और ऐसा तुक–ताल
विश्व की दो महान घटनाएँ
ऐसी संग–साथ
इधर लाल लोचन बिहारी की फ़तह
उधर ओबामा का चुनाव परिणाम

और हाँ,
याद आ ही गयी है
तो बात छूट न जाय
ये स्टीफेन हॉकिन्स के दिमाग़ में
द बिग डिज़ाइन के अन्त:सूत्रों के
समन्वय का भी समय था
ख़ैर, क़िस्सा–कोताह ये

कि उसी अँग्रेज़ी के द्वितीय प्रश्न-पत्र के
एक्टिव और पैसिव वाइस वाली पर्ची
की पुलक में मनोरमा
किसी शाम
कउवा-लिलनिया नामक आम के पेड़ की
सबसे निचली डाल के बाईं ओर
'प्यार झुकता नहीं' के भाव को
महसूस करती हुई खड़ी थी

धूप-कोहरे और बादल से ढँकी
उसकी आँखें
लबरेज़ थीं
सपनों से...

ऐसे में
हाँफते हुए दाख़िल हुए
लाल लोचन
मनोरमा की उस भाव-परिधि में
जो इस नश्वर संसार में
कदाचित् इस वक़्त
भौतिक रूप से साकार थी!

एकदम इस वक़्त
न पेड़ पेड़-सा था
न हवा हवा-सी थी
न आकाश था आकाश की तरह
न पृथ्वी-सी पृथ्वी थी

इस वक़्त सारी कायनात तो
झूठ हो सकती है
पर इतना सच ज़रूर था

जो कि
लाल लोचन बिहारी को भी नहीं पता था
कि कोई ठीक-ठाक निशान न पड़े
इसके लिए
गाल पर दाँतों का दबाव
कितना गहरा होना चाहिए।

❑ ❑ ❑

णाणं पयासयं

वीर नि.सं. 2470

भारतीय ज्ञानपीठ

ई.सन् 1944